Los carnívoros

Heather C. Hudak

LIGHTBOX
openlightbox.com

LIGHTBOX

Entre a
www.openlightbox.com
e ingrese el código único
de este libro.

CÓDIGO DE ACCESO

LBV28678

Lightbox es una completa solución digital para enseñar y aprender temas curriculares de una manera original e innovadora. Lightbox se basa en las Normas Curriculares Nacionales.

CARACTERÍSTICAS ESTÁNDAR DE LIGHTBOX

AUDIO Narraciones de alta calidad con sistema de texto a voz

ACTIVIDADES PDFs imprimibles que pueden enviarse por correo electrónico y calificarse

PRESENTACIÓN EN DIAPOSITIVAS Ilustraciones gráficas de los conceptos clave

VIDEOS Videoclips de alta definición incorporados

ENLACES WEB Enlaces cuidadosamente seleccionados con recursos seguros para niños

TRANSPARENCIAS Capas paso a paso de mapas, diagramas, cuadros y cronologías

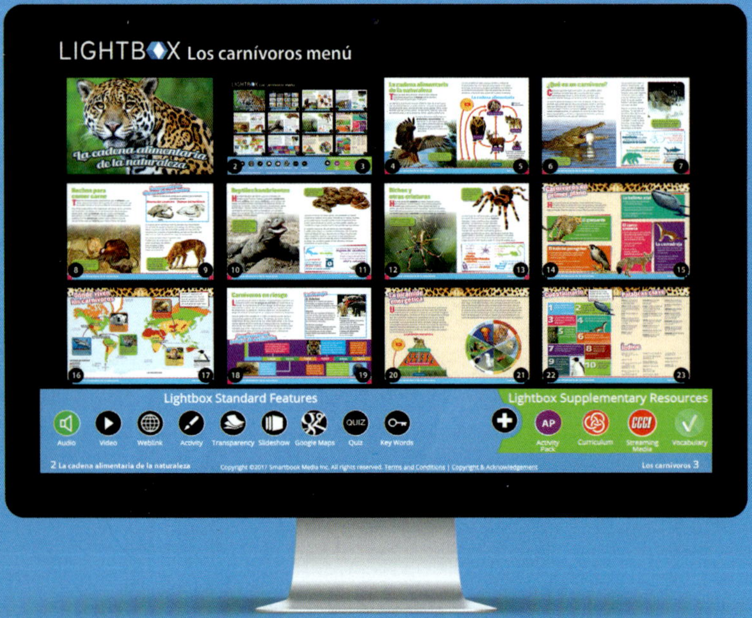

MAPAS INTERACTIVOS Mapas interactivos e imágenes satelitales aéreas

CUESTIONARIOS Diez preguntas de elección multiple con puntaje automático que se envían por correo electrónico al docente para su evaluación

PALABRAS CLAVE Combinación de los conceptos clave con sus definiciones

Contenidos

La cadena alimentaria de la naturaleza

Todos los seres vivos necesitan alimento para sobrevivir. El alimento proporciona la **energía** que las plantas y los animales necesitan para crecer y vivir.

Las plantas y los animales necesitan diferentes tipos de alimento para vivir. Las plantas fabrican su propio alimento, utilizando la energía del sol y el agua del suelo. Algunos animales comen plantas. Otros, comen animales que han comido plantas. De esta forma, todos los seres vivos se conectan entre sí. Estas conexiones forman cadenas alimentarias.

La cadena alimentaria está formada por **productores** y **consumidores**. Las plantas son los principales productores de la cadena alimentaria porque producen energía que puede ser utilizada por el resto de los seres vivos de la Tierra.

Los halcones usan sus filosas garras para matar animales como ratones, serpientes y otros pájaros.

Los consumidores son seres vivos que reciben su energía de los productores. Hay cinco tipos de consumidores en la cadena alimentaria: los carnívoros, los descomponedores, los herbívoros, los omnívoros y los parásitos. Todos los organismos del mundo pertenecen a alguno de estos grupos de la cadena alimentaria.

La cadena alimentaria

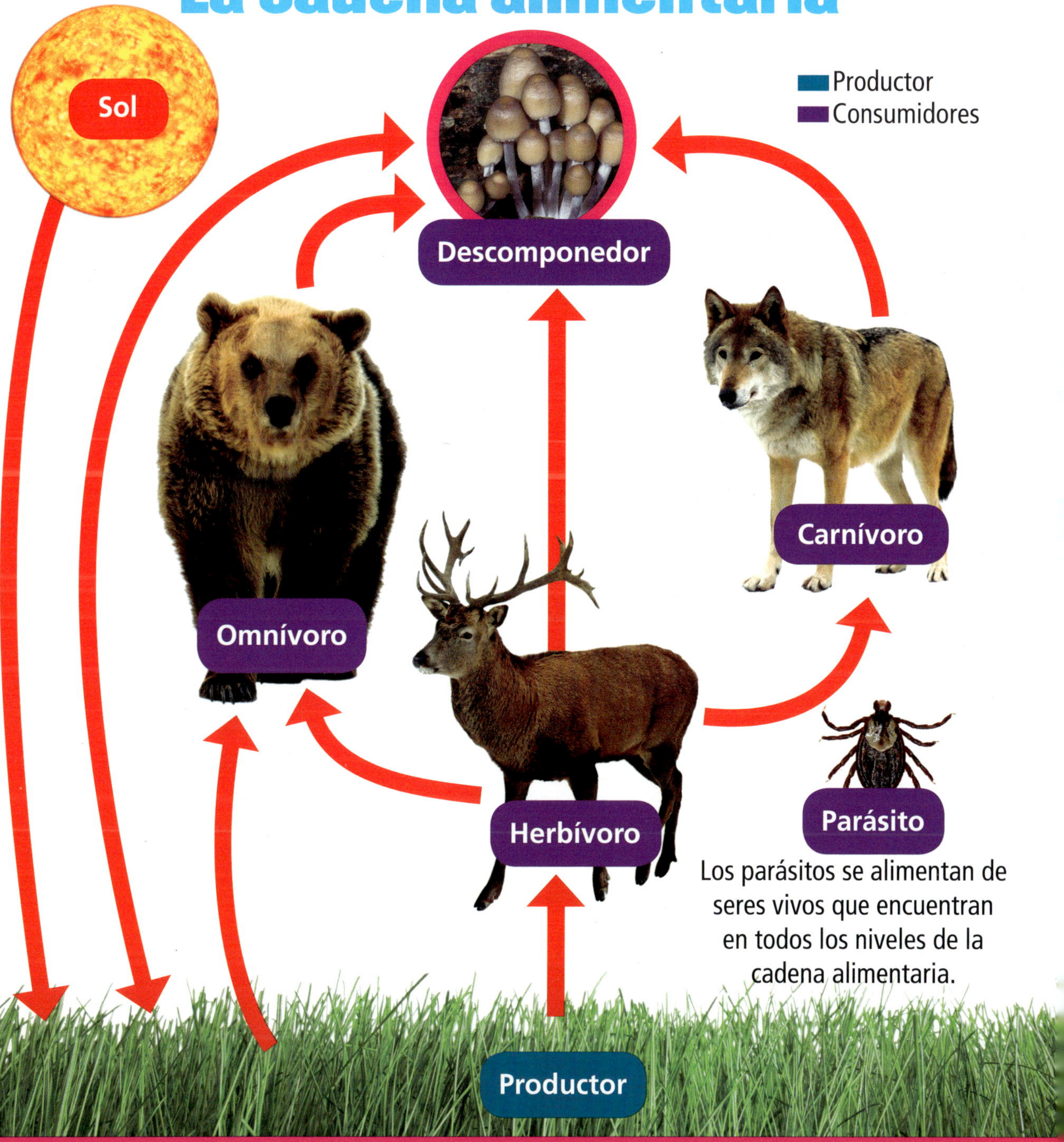

Los parásitos se alimentan de seres vivos que encuentran en todos los niveles de la cadena alimentaria.

¿Qué es un carnívoro?

Carnívoro significa "que come carne". Es una palabra latina. El término carnívoro describe a los animales de la cadena alimentaria que comen la carne de otros animales. Los carnívoros obtienen energía comiendo la carne de otros seres vivos.

La mayoría de los carnívoros comen a los herbívoros, es decir, a los animales que comen plantas. Algunos carnívoros comen a omnívoros. Estos son animales que comen tanto plantas como carne. Muchos carnívoros cazan y matan a sus propias **presas**. Algunos carnívoros comen animales muertos. El guepardo, el cocodrilo, el gran tiburón blanco, la comadreja y el lobo son ejemplos de animales carnívoros. También hay insectos y aves que son carnívoros.

Los cocodrilos viven en los ríos, lagos y pantanos. Comen muchos tipos de peces.

Los carnívoros que cazan su alimento deben comer una mayor cantidad de **calorías** para obtener la energía que necesitan para cazar. Algunos carnívoros, como los lobos y algunos delfines, cazan en grupo. En grupo, pueden atrapar a una presa grande con mayor facilidad.

Algunos carnívoros atraen a sus presas. Por ejemplo, el pez víbora tiene 350 lucecitas dentro de la boca. Estas luces actúan como señuelo o carnada. Cuando la presa está cerca, el pez víbora usa sus largos y filosos dientes para atrapar su alimento.

Algunos carnívoros, como el lince, esperan a que su presa se acerque y se abalanzan sobre ella. Esto se llama caza al acecho.

La mayoría de los carnívoros tiene **mandíbulas** que suben y bajan. Esto los ayuda a **desgarrar la carne**.

Los carnívoros pasan más tiempo durmiendo que cualquier otro animal.

El oso polar es el **carnívoro terrestre más grande**. La mayoría de los osos polares pesa más de **700 libras** (320 kilogramos).

Los carnívoros se ubican en la punta de **la cadena alimentaria**.

Hechos para comer carne

Todos los carnívoros tienen características que se **adaptan** a sus dietas. Muchos carnívoros tienen partes del cuerpo especiales que los ayudan a masticar la carne y obtener la energía que necesitan.

Una de las características más importantes del cuerpo de los carnívoros son los dientes. Los dientes de los carnívoros están diseñados para comer carne. Usan los **incisivos**, que son cortos y puntiagudos, para pellizcar y morder. Clavan sus filosos **caninos** en su presa para sujetarla. Con los **premolares** pueden cortar y rebanar la carne. Los carnívoros usan sus **molares** para moler y triturar los huesos.

La mayoría de los gatos son más activos por la noche. Usan su excelente visión nocturna para cazar y capturar a sus presas en la oscuridad.

Comparando los dientes de los animales

Observa las fotos de los dientes de un carnívoro y de un herbívoro. ¿Qué diferencias ves?

Dientes del carnívoro

León

Dientes del herbívoro

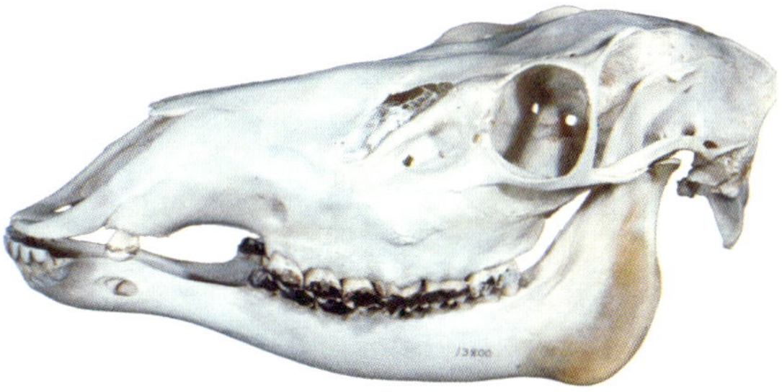

Alce

La mayoría de los carnívoros tiene los sentidos muy desarrollados. Los sentidos los ayudan a localizar a sus presas. Los felinos, o gatos, tienen muy buena vista. Durante el día, pueden ver casi como los humanos. Por la noche, una parte del ojo del gato se abre para que pase más luz. Esto les permite ver mejor en la oscuridad.

Los felinos también tienen muy buen oído. Pueden girar las orejas para oír hasta los sonidos más débiles. Esto los ayuda a saber el tipo y tamaño de las presas de su entorno.

Algunos carnívoros tienen un sentido del olfato muy desarrollado. Los dingos usan su sentido del olfato para rastrear a sus presas.

Reptiles hambrientos

Hay diferentes tipos de reptiles que son carnívoros. Los reptiles comen huevos, insectos y pequeños **vertebrados**, como **anfibios**, aves, peces, **roedores** y otros reptiles. Los reptiles carnívoros atrapan a sus presas de diferentes formas. La mayoría de los reptiles, como los caimanes y las serpientes, tienen dientes filosos. Algunos reptiles tienen mandíbulas muy largas. Los dragones de Komodo usan sus mandíbulas para atrapar y desgarrar a sus presas. Esto les permite comer animales grandes, como cabras, monos y jabalíes.

El dragón de Komodo tiene sustancias letales en su saliva. Cuando un dragón de Komodo muerde a su presa, estas sustancias pueden matar a la víctima en una semana.

La boa constrictor se alimenta principalmente de aves, lagartijas y roedores.

Las boas constrictor no tienen garras. Ellas envuelven su cuerpo fuertemente alrededor de su presa. Después de un tiempo, la presa ya no puede respirar. Cuando la presa muere, la boa se la come entera, comenzando por la cabeza. Las boas pueden separar sus mandíbulas y tragar animales mucho más grandes que sus cabezas.

El cocodrilo tiene entre 30 y 40 dientes en cada mandíbula. Cuando cierra la boca, sus dientes se entrecruzan. Los cocodrilos nadan por debajo del agua dejando solo sus fosas nasales y ojos sobre la superficie. Acechan a sus presas sin que éstas los vean. Luego, arrastran al animal abajo del agua y lo sujetan hasta que se ahoga. Los cocodrilos pueden triturar pequeños animales simplemente cerrando la boca.

El cocodrilo come solo **50 comidas** por año.

Una **anaconda** puede tragarse a un animal que pese el **80 por ciento** del peso de la propia serpiente.

La mayoría de los reptiles usan el **órgano de Jacobson** para cazar a sus presas. Este órgano, que se encuentra en la boca, permite a los reptiles **oler y saborear.**

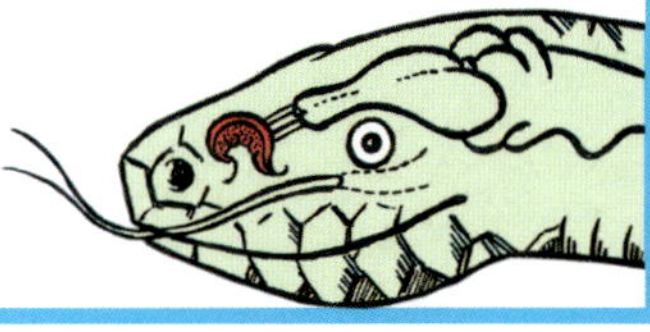

Bichos y otras criaturas

Hay más de 40.000 **especies** de arañas. Todas las arañas son carnívoras. Comen insectos, otras arañas y pequeños vertebrados, como pájaros y ranas. Existen dos tipos de arañas. Las arañas terrestres cazan a sus presas. Las arañas tejedoras hacen telarañas para capturar a sus presas. La mayoría de las arañas usa veneno para matar o **paralizar** a sus presas antes de comérselas.

El cuerpo de una araña tejedora produce un aceite que le impide quedarse pegada a su propia telaraña.

Las tarántulas tienen la panza cubierta de pelitos que frotan contra sus depredadores para distraerlos y poder escapar.

Las tarántulas son arañas grandes y peludas. La mayoría de las tarántulas vive en **hábitats** tropicales. Comen insectos y otros animales pequeños. Las tarántulas no tejen telarañas. Usan su velocidad y fuerza para perseguir a sus presas. Luego, se abalanzan sobre la presa y la muerden con sus colmillos. A diferencia de otros carnívoros, las tarántulas no tienen dientes para masticar. Solo pueden beber su alimento. Las tarántulas inyectan a sus presas unas sustancias que convierte el interior de la presa en líquido. Luego, succionan este líquido y dejan el cuerpo de la presa vacío.

Las arañas muerden a su presa con **largos dientes puntiagudos llamados colmillos.** Por la punta de los colmillos, liberan veneno para matar a **su presa.**

Una **tarántula** tarda entre 1 y 2 días en **digerir** un ratón.

La **araña de Sidney** puede perforar **huesos** con **sus colmillos.**

Carnívoros en primer plano

Hay muchos tipos de carnívoros. Tienen diferentes formas y tamaños. Algunos de los animales más grandes y más pequeños del mundo son carnívoros. Se pueden encontrar carnívoros en todo el mundo. Algunos viven en el agua. Muchos viven en la tierra.

El guepardo

- Es el animal más rápido del mundo. Puede alcanzar una velocidad de 70 millas (113 kilómetros) por hora
- Caza durante el día
- Sus presas son las gacelas, liebres e impalas

El halcón peregrino

- Es el ave más rápida del mundo. Puede alcanzar una velocidad de 200 millas (320 km) por hora
- Atrapa a sus presas con sus garras mientras vuela
- Usa una punta con forma de diente que tiene en el pico para desgarrar a su presa

La ballena azul

- Llega a medir más de 80 pies (24 metros) de largo
- Merodea con la boca abierta entre bancos de peces, krill o plancton
- Usa las **barbas** para filtrar a sus presas del agua

El zorro cometa

- Es el can, o perro, más pequeño de América del Norte. Llega a medir solo 12 pulgadas (30 centímetros) de alto.
- Caza principalmente por la noche
- Come anfibios, pájaros, reptiles y **mamíferos** pequeños

La comadreja

- Es el mamífero carnívoro más pequeño. Pesa unas 2 onzas (57 gramos)
- Usa sus garras y dientes filosos para atrapar a sus presas
- Puede matar animales hasta cinco veces más grandes que ella

Dónde viven los carnívoros

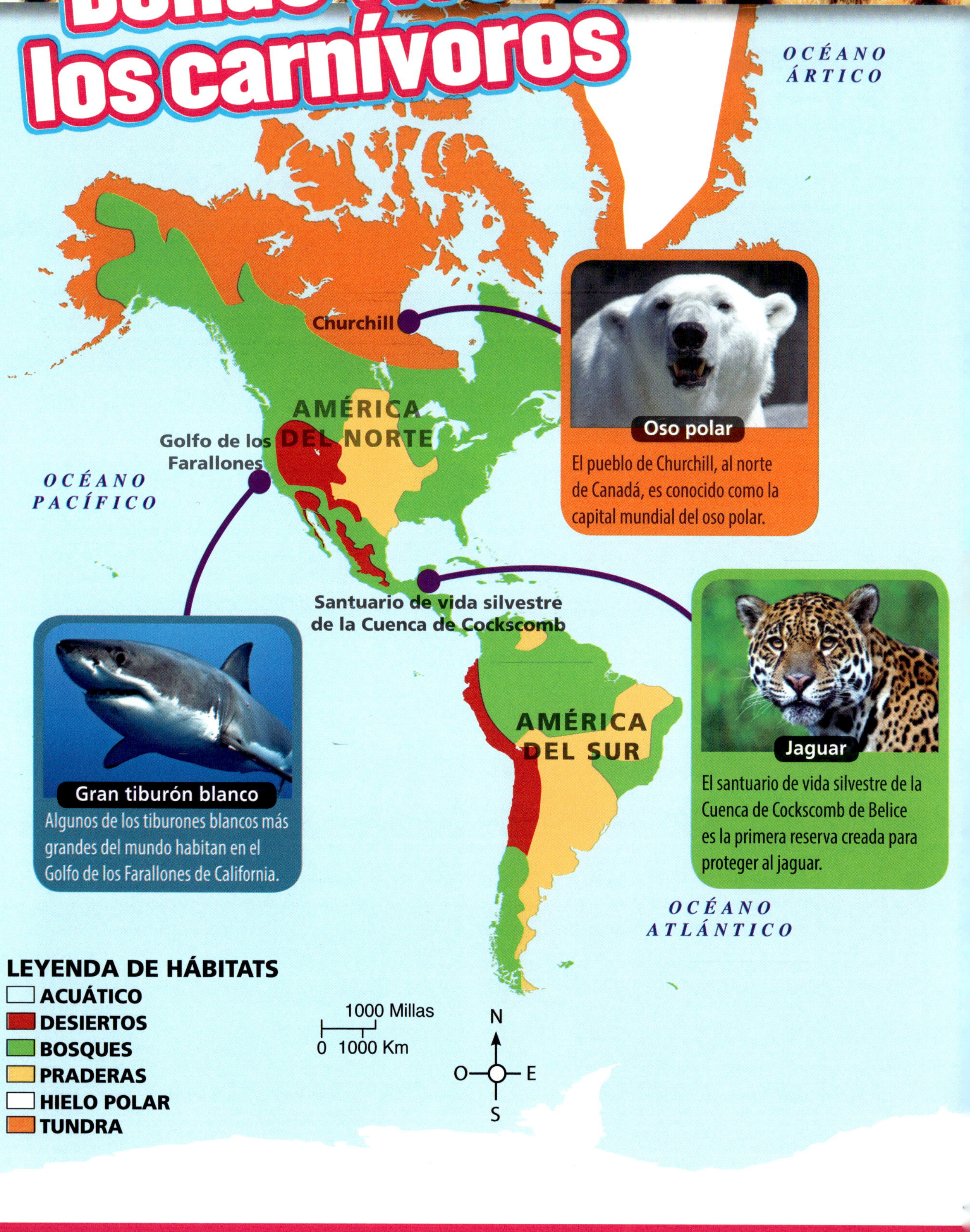

El pueblo de Churchill, al norte de Canadá, es conocido como la capital mundial del oso polar.

El santuario de vida silvestre de la Cuenca de Cockscomb de Belice es la primera reserva creada para proteger al jaguar.

Algunos de los tiburones blancos más grandes del mundo habitan en el Golfo de los Farallones de California.

LEYENDA DE HÁBITATS
- ACUÁTICO
- DESIERTOS
- BOSQUES
- PRADERAS
- HIELO POLAR
- TUNDRA

Observa el mapa para ver dónde pueden vivir algunos tipos de carnívoros. ¿Puedes pensar en otros carnívoros? ¿En qué parte del mapa viven?

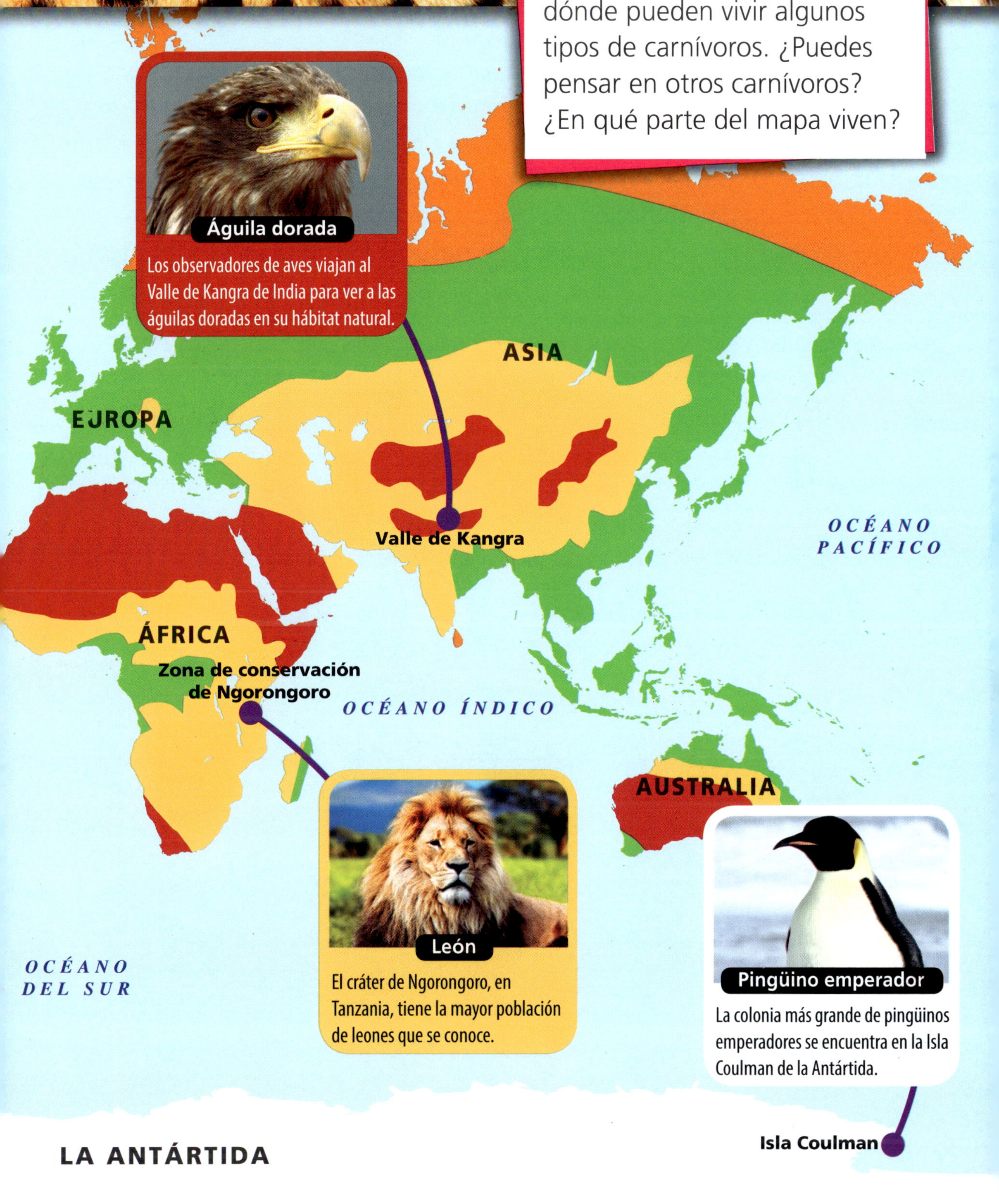

Carnívoros en riesgo

Las plantas y los animales se necesitan mutuamente para sobrevivir. Los carnívoros suelen estar **en peligro de extinción** por la pérdida de su hábitat. En muchos casos, el hombre despeja las tierras para construir comunidades o cultivar. Así, los carnívoros pierden sus hogares y fuentes de alimentación. Su población comienza a disminuir. Los carnívoros en peligro de extinción también ponen en riesgo a los herbívoros y las plantas.

Hasta el cambio más pequeño en la cadena alimentaria puede afectar a otros animales y plantas de la cadena. Por ejemplo, las nutrias marinas comen erizos de mar y los erizos de mar comen algas pardas. Si las nutrias marinas dejaran de formar parte de la cadena alimentaria, la población de erizos de mar crecería, se limitaría el suministro de algas pardas y otros herbívoros que comen algas pardas comenzarían a morir. Los carnívoros que dependen de estos animales también empezarían a desaparecer.

Carnívoros en peligro de extinción

1958

Se descubre la vaquita marina, con una población de unos pocos miles. En 2015, quedan menos de 100 ejemplares.

1970

Estados Unidos incorpora a la tortuga laúd a su lista de especies en peligro de extinción.

En el campo

EL ZOÓLOGO

Un zoólogo es un científico que estudia a los animales. Los zoólogos estudian cómo crecen y se desarrollan los animales y cómo se comportan e interactúan con otros animales.

Educación

Deben tener una licenciatura en biología u otra área científica. Para muchos trabajos se necesita una maestría o doctorado. También es importante tener sólidos conocimientos de matemáticas e informática.

Condiciones de trabajo

Los zoólogos trabajan en diferentes ambientes. Realizan la mayoría de sus investigaciones en la naturaleza, pero muchos zoólogos también realizan experimentos en laboratorios y zoológicos.

Herramientas

- **Equipos de campo:** binoculares, cámara, cámara de video, grabadora de audio, lápiz, anotador, mapas, equipo de sistema de posicionamiento global (GPS)
- **Equipos de laboratorio:** computadora, bisturí, pinzas, microscopio

1996

Quedan entre 30 y 80 tigres del sur de China en el mundo. En 1950, había 4.000.

1997

Desde 1985, se han perdido más de 25.000 millas cuadradas (64.750 km^2) del hábitat del tigre de Sumatra en manos de la industria forestal.

2006

Desde la extinción del delfín de Baiji, la marsopa sin aleta del Yangtze ha pasado a ser el único **cetáceo** que vive en el río Yangtze de China.

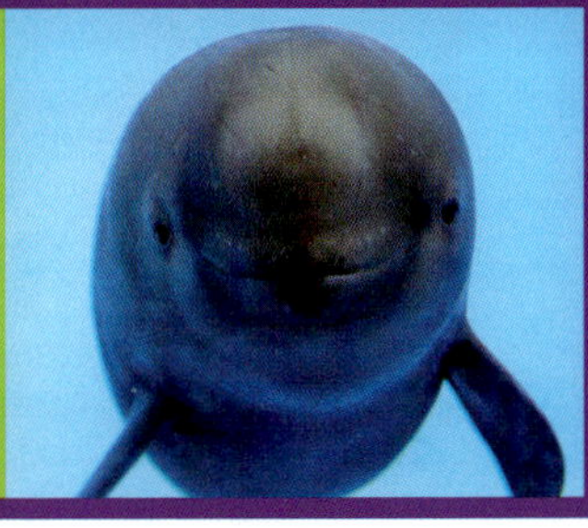

2013

Se estima que hay 45 leopardos del Amur en todo el mundo, más que en 2007, que había 35.

La pirámide energética

Una cadena alimentaria es una forma de representar gráficamente la transferencia de energía de un ser vivo a otro. Otra forma de mostrar cómo se conectan es a través de una pirámide energética. La pirámide energética comienza con el sol. El sol proporciona la energía que hace crecer a los productores. Los productores son una fuente de energía para los consumidores primarios en el siguiente nivel de la pirámide. Los consumidores primarios transfieren energía hacia los consumidores terciarios, que están arriba en la pirámide. De esta forma, todos los seres vivos dependen unos de otros para sobrevivir. En el siguiente ejemplo, el pasto es el alimento de los conejos y los conejos son el alimento de los lobos.

La pirámide energética

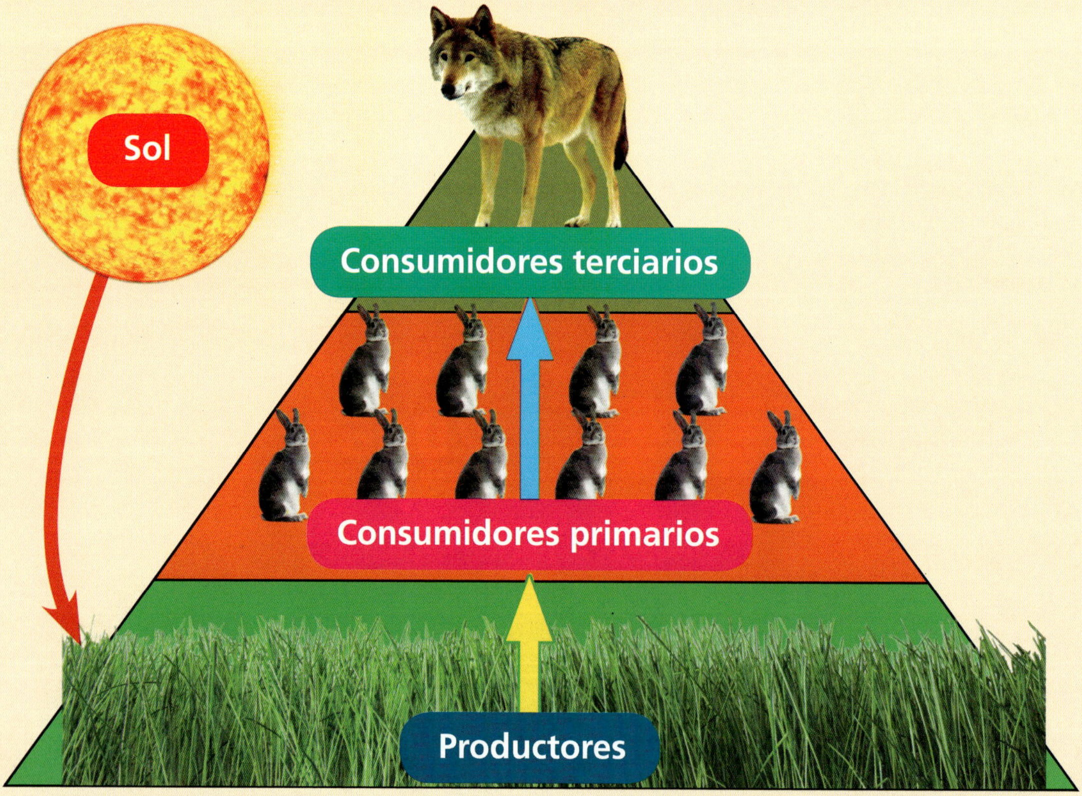

Debajo encontrarás algunos ejemplos de carnívoros y el hábitat donde viven. Elige uno de estos animales u otro carnívoro y aprende más sobre él. Usando Internet y la biblioteca de tu escuela, busca información sobre la dieta del animal. Determina qué animales podría comer el carnívoro. Usando tu carnívoro como consumidor terciario, dibuja una pirámide energética que muestre la transferencia de energía. ¿Qué consumidores primarios son una fuente de energía para el animal que elegiste? ¿Qué productores son una fuente de energía para los consumidores primarios de tu pirámide energética?

Cuestionario

Basándote en lo que acabas de leer, intenta responder las siguientes preguntas correctamente.

1 ¿Qué significa la palabra carnívoro?

Respuesta: Que come carne

2 ¿Cuál es el carnívoro más grande de la Tierra?

Respuesta: La ballena azul

3 ¿Cuántas comidas come un cocodrilo por año?

Respuesta: Unas 50

4 ¿Cuál es el mamífero carnívoro más pequeño?

Respuesta: La comadreja

5 ¿Cuántas especies de arañas carnívoras hay?

Respuesta: 40.000

6 ¿Cómo comen las tarántulas su alimento?

Respuesta: Convierten a sus presas en líquido y succionan el líquido con la boca.

7 ¿Cómo se llama el único cetáceo que vive en el río Yangtze?

Respuesta: Actúan como carnada

8 ¿Qué hacen las luces de la boca del pez víbora?

Respuesta: Actúan como carnada

9 ¿Dónde está la colonia más grande de pingüinos emperadores?

Respuesta: En la Isla Coulman, la Antártida

10 ¿Qué comen las nutrias marinas?

Respuesta: Erizos de mar

Palabras clave

adaptan: se modifican con el tiempo para poder vivir en un ambiente determinado

anfibios: animales de sangre fría con piel suave que pasan parte del tiempo en la tierra y parte en el agua

barba: material corniforme en la boca

calorías: unidades que miden la cantidad de energía que produce un alimento cuando se introduce en el cuerpo

caninos: dientes puntiagudos ubicados entre los dientes delanteros y traseros

cetáceo: un tipo de mamífero marino

consumidores: animales que se alimentan de plantas u otros animales

energía: la potencia utilizable que los seres vivos obtienen de los alimentos y utilizan para crecer, moverse y estar sanos

en peligro de extinción: en riesgo de extinguirse o desaparecer de la Tierra

especies: un grupo de seres vivos del mismo tipo cuyos miembros pueden tener cría

hábitats: medioambientes en los que viven los animales

incisivos: dientes delanteros que se usan para cortar y roer

mamíferos: animales con piel o pelaje que tienen cría

molares: dientes grandes que se usan para triturar la comida

paralizar: quitar la posibilidad de moverse

premolares: dientes ubicados antes de los molares

presas: especie animal que puede ser cazada o atrapada de alguna manera por otra para su alimentación

productores: seres vivos, como las plantas, que producen su propio alimento

roedores: animales con un par de dientes delanteros grandes que usan para roer

vertebrados: animales que tienen columna vertebral

Índice

LIGHTBOX

RECURSOS COMPLEMENTARIOS

Haga clic en el signo ⊕ que se encuentra en la esquina inferior izquierda de cada hoja para abrir más recursos para docentes.

- Descargue e imprima los cuestionarios y actividades del libro
- Acceda a las correlaciones curriculares
- Explore otras aplicaciones web que optimizan la experiencia de Lightbox

TÍTULOS DIGITALES DE LIGHTBOX

Incluyen un paquete completo de medios integrados

VIDEOS

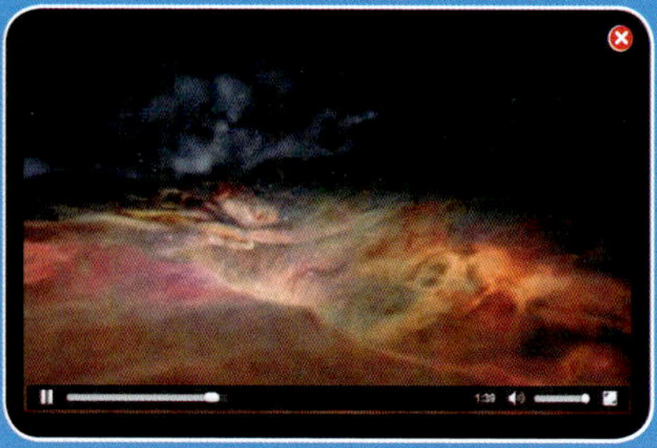

MAPAS INTERACTIVOS

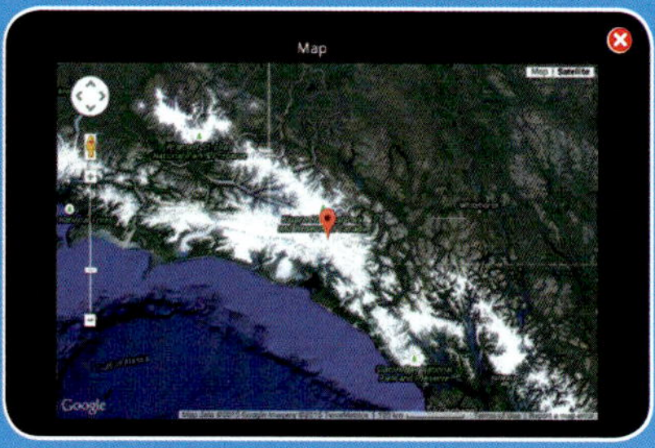

ENLACES WEB

PRESENTACIONES EN DIAPOSITIVAS

CUESTIONARIOS

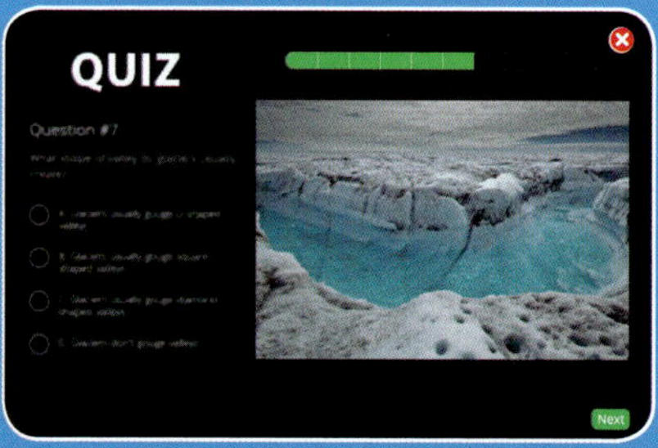

OPTIMIZADO PARA

- ✓ TABLETAS
- ✓ PIZARRAS ELECTRÓNICAS
- ✓ COMPUTADORAS
- ✓ ¡Y MUCHO MÁS!

Published by Smartbook Media Inc.
350 5th Avenue, 59th Floor New York, NY 10118
Website: www.openlightbox.com

Library of Congress Control Number: 2017933895

ISBN 978-1-5105-2435-4 (hardcover)
ISBN 978-1-5105-1639-7 (multi-user eBook)

Printed in Brainerd, Minnesota, United States
1 2 3 4 5 6 7 8 9 0 21 20 19 18 17

032017
021317

Spanish Project Coordinator: Jared Siemens
Spanish Editor: Translation Cloud LLC
Editor: Heather Kissock
Designer: Ana Maria Vidal

Photo Credits
Every reasonable effort has been made to trace ownership and to obtain permission to reprint copyright material. The publisher would be pleased to have any errors or omissions brought to its attention so that they may be corrected in subsequent printings. The publisher acknowledges Getty Images and iStock as its primary image suppliers for this title.